Impressum
Verlag: BABADADA GmbH, Nedderfeld 112 , 22529 Hamburg
Geschäftsführer / Verlagsleitung: Harald Hof
Druck: Books on Demand GmbH, In de Tarpen 42, 22848 Norderstedt

Imprint
Publisher: BABADADA GmbH, Nedderfeld 112 , 22529 Hamburg, Germany
Managing Director / Publishing direction: Harald Hof
Print: Books on Demand GmbH, In de Tarpen 42, 22848 Norderstedt, Germany

d Schuel

школа

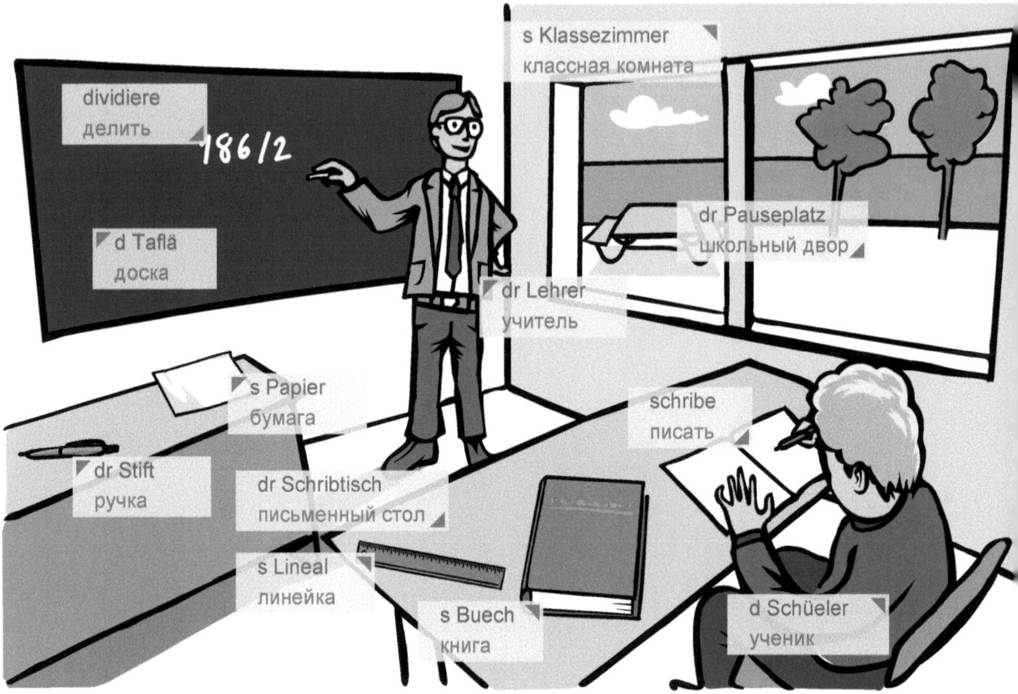
s Klassezimmer
классная комната
dividiere
делить
186/2
d Taflä
доска
dr Pauseplatz
школьный двор
dr Lehrer
учитель
s Papier
бумага
schribe
писать
dr Stift
ручка
dr Schribtisch
письменный стол
s Lineal
линейка
s Buech
книга
d Schüeler
ученик

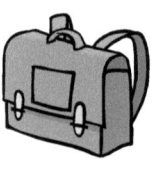

dr Thek

ранец

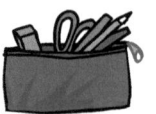

s Etui

пенал

dr Bleistift

карандаш

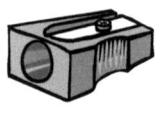

dr Spitzer

точилка

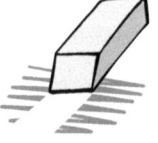

s Radiergummi

ластик

dr Zeicheblock

альбом для рисования

d Zeichnig

рисунок

dr Pinsel

кисточка

dr Malchaschte

коробка красок

d Schär

ножницы

dr Liim

клей

s Üebigsheft

тетрадь

d Huusufgabe

домашняя работа

d Zahl

цифра

addiere

прибавлять

subtrahiere

вычитать

multipliziere

умножать

rächne

считать

dr Buechstabe

буква

s Alphabet

алфавит

s Wort

слово

dr Text

текст

läse

читать

d Kriide

мел

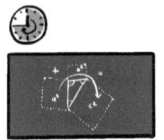

d Lektion

урок

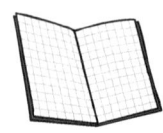

s Klassäbuech

классный журнал

d Prüefig

экзамен

s Zügnis

диплом

d Schueluniform

школьная форма

d Usbildig

образование

d Enzyklopädie

энциклопедия

d Universität

университет

s Mikroskop

микроскоп

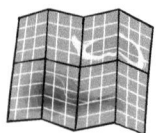

d Charte

карта

dr Papierchorb

корзина для бумаг

d Schuel - школа

d Reis

путешествие

s Hotel
гостиница
Grand
d Härbärg
турбаза
ROOMS
EXCHANGE
d Wächselstube
пункт обмена валюты
dr Koffer
чемодан
s Auto
автомобиль

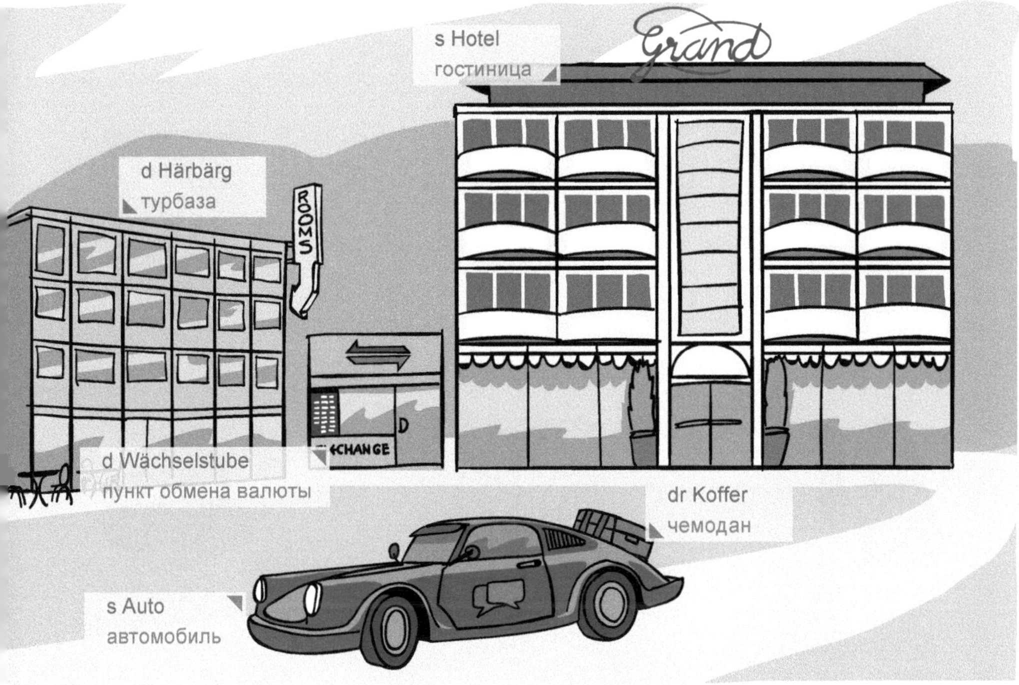

d Sprach
язык

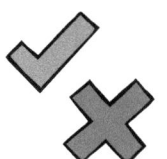

jo / nei
да / нет

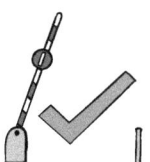

okay
хорошо

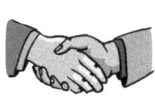

Hallo
Привет

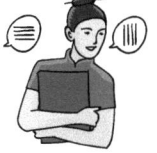

dr Dolmetscher
переводчик

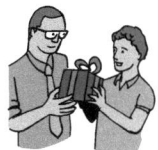

Dankä
Спасибо

Was chostet...?

Сколько стоит...?

Ich vrstahs nöd

Я не понимаю

s Problem

проблема

Guete Abig!

Добрый вечер!

guete Morgä!

Доброе утро!

guete Abig!

Доброй ночи!

Uf Wiederseh

До свидания

d Richtig

направление

s Bagaasch

багаж

d Täsche

сумка

dr Rucksack

рюкзак

dr Gast

гость

dr Ruum

комната

dr Schlafsack

спальный мешок

s Zält

палатка

d Touristeninformation

туристическая
информация

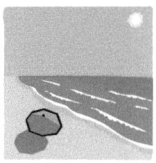

dr Strand

пляж

d Kreditkarte

кредитная карточка

s Zmorge

завтрак

s Zmittag

обед

s Znacht

ужин

s Billet

билет

dr Ufzug

лифт

d Briefmarke

почтовая марка

d Gränze

граница

dr Zoll

таможня

d Botschaft

посольство

s Visum

виза

dr Pass

паспорт

dr Transport

транспорт

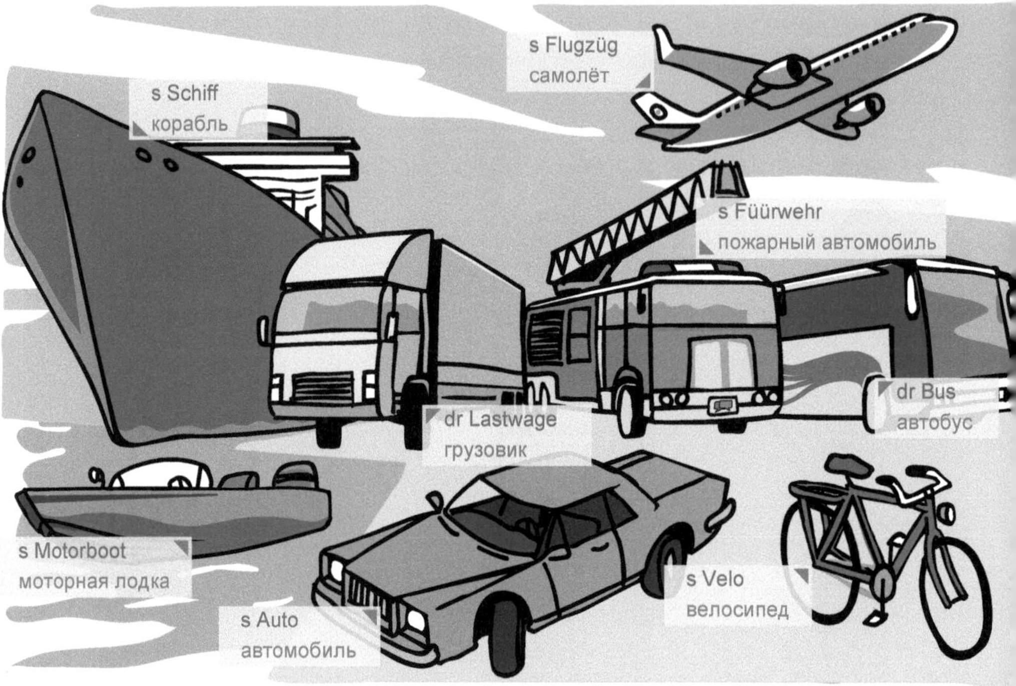

s Flugzüg
самолёт
s Schiff
корабль
s Füürwehr
пожарный автомобиль
dr Bus
автобус
dr Lastwage
грузовик
s Motorboot
моторная лодка
s Velo
велосипед
s Auto
автомобиль

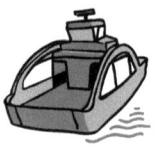

d Fähri

паром

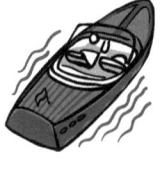

s Boot

лодка

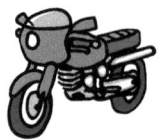

s Töff

мотоцикл

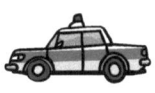

s Polizeiauto

полицейский автомобиль

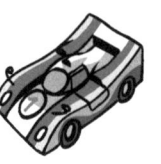

s Rännauto

гоночный автомобиль

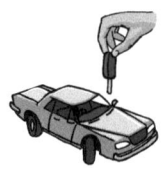

dr Mietwage

арендованный автомобиль

s Carsharing

совместное пользование
автомобилями

dr Abschleppwage

буксировочный
автомобиль

dr Chübelwage

мусоровоз

dr Motor

двигатель

s Benzin

топливо

d Tankstell

заправка

s Verkehrsschild

дорожный знак

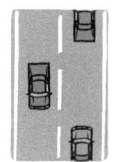

dr Verchehr

движение

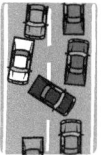

dr Stau

пробка

dr Parkplatz

автостоянка

dr Bahnhof

вокзал

d Schiene

рельсы

dr Zug

поезд

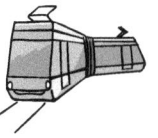

d Strassebahn

трамвай

dr Wagon

вагон

dr Helikopter

вертолёт

dr Flughafe

аэропорт

dr Tower

вышка

dr Passagier

пассажир

dr Container

контейнер

dr Karton

коробка

dr Chare

тележка

dr Korb

корзина

starte / lande

взлетать / приземляться

d Stadt

город

s Dorf

деревня

s Stadtzentrum

центр города

s Huus

дом

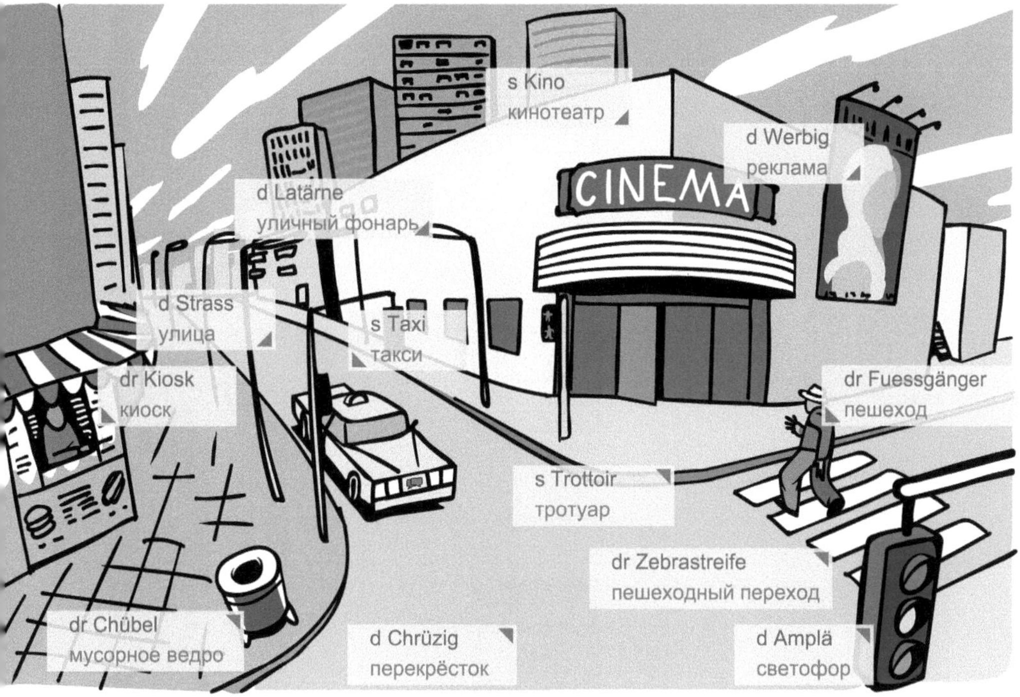

s Kino
кинотеатр
d Werbig
реклама
CINEMA
d Latärne
уличный фонарь
d Strass
улица
s Taxi
такси
dr Kiosk
киоск
dr Fuessgänger
пешеход
s Trottoir
тротуар
dr Zebrastreife
пешеходный переход
dr Chübel
мусорное ведро
d Chrüzig
перекрёсток
d Amplä
светофор

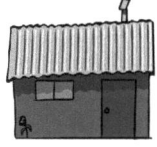

d Hütte

хижина

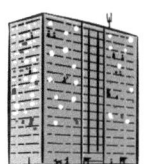

d Wohnig

квартира

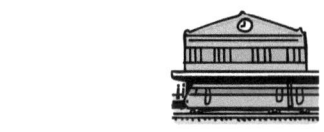

dr Bahnhof

вокзал

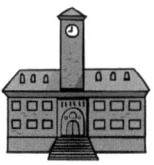

s Gmeindshuus

ратуша

MUSEUM

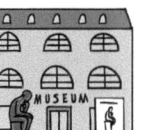

s Museum

музей

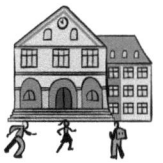

d Schuel

школа

d Universität

университет

d Bank

банк

s Spital

больница

s Hotel

гостиница

d Apotheke

аптека

s Büro

офис

s Buechgschäft

книжный магазин

s Gschäft

магазин

dr Bluemelade

цветочный магазин

dr Läbensmittellade

супермаркет

dr Märt

рынок

s Chaufhuus

универмаг

dr Fischhändler

торговец рыбой

s Iihkaufszentrum

торговый центр

dr Hafe

порт

dr Park

парк

d Bank

скамейка

d Brugg

мост

d Stäge

лестница

d U-Bahn

метро

dr Tunnell

тоннель

d Bushaltestell

автобусная остановка

d Bar

бар

s Restaurant

ресторан

dr Briefchastä

почтовый ящик

s Strasseschild

табличка с названием улицы

d Parkuhr

паркометр

dr Zolli

зоопарк

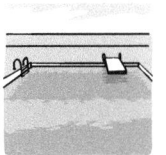

d Badi

бассейн

d Moschee

мечеть

dr Buurehof

ферма

d Umwältvrschmutzig

загрязнение окружающей среды

dr Fridhof

кладбище

d Chile

церковь

dr Spielplatz

детская площадка

dr Tämpel

храм

d Landschaft

ландшафт

s Blatt
лист

dr Wägwiiser
дорожный указатель

dr Wäg
дорога

d Wise
луг

dr Stei
камень

dr Baum
дерево

dr Wanderer
путешественник

dr Fluss
река

s Gras
трава

d Bluamä
цветок

s Tal

долина

dr Bärg

гора

dr See

озеро

dr Wald

лес

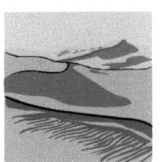

d Wüeschti

пустыня

dr Vulkan

вулкан

s Schloss

замок

dr Rägeboge

радуга

dr Pilz

гриб

d Palme

пальма

dr Moskito

комар

d Fliege

муха

d Ameise

муравей

s Biendli

пчела

d Spinne

паук

dr Chäfer

жук

dr Frosch

лягушка

s Eichhörnli

белка

dr Igel

еж

dr Haas

заяц

d Üle

сова

d Vogu

птица

dr Schwan

лебедь

s Wildschwein

кабан

dr Hirsch

олень

dr Elch

лось

dr Damm

плотина

d Windturbine

ветряной генератор

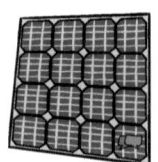

dr Sunnekollektor

солнечная батарея

s Klima

климат

s Restaurant
ресторан

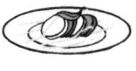

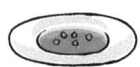

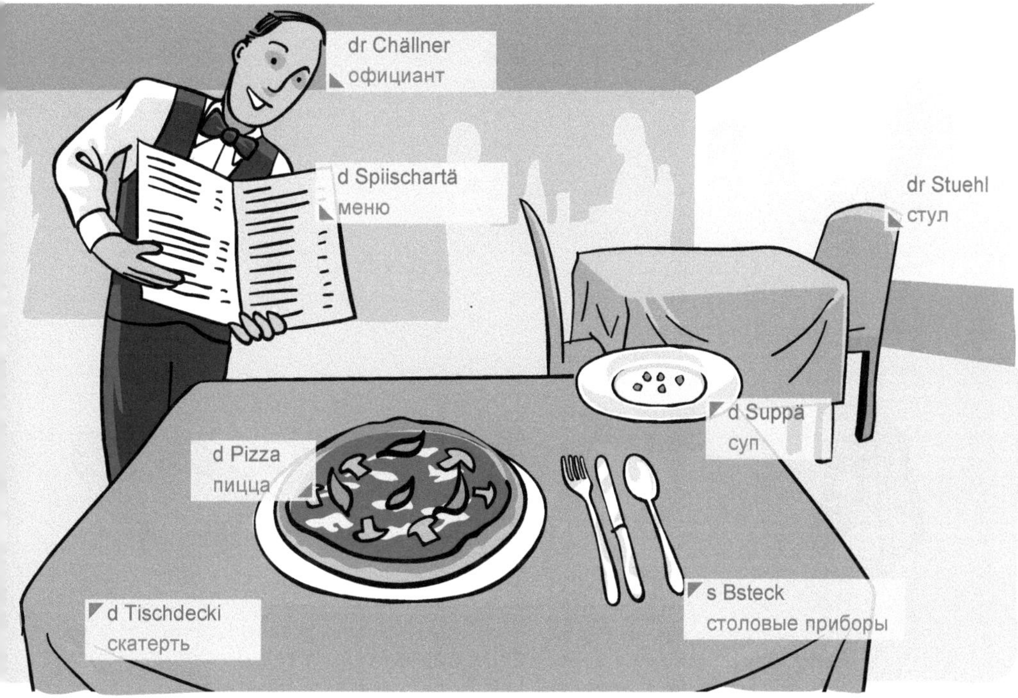
dr Chällner
официант
d Spiischartä
меню
dr Stuehl
стул
d Suppä
суп
d Pizza
пицца
d Tischdecki
скатерть
s Bsteck
столовые приборы

d Vorspiies
....
закуска

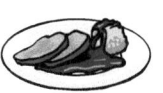

s Hauptgricht
....
главное блюдо

s Dessert
....
десерт

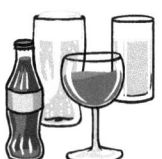

s Getränk
....
напитки

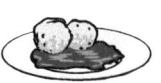

d Läbensmittel
....
еда

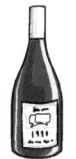

d Fläsche
....
бутылка

s Fast Food

фастфуд

s Street Food

уличная еда

d Teechanne

чайник

d Zuckerdosä

сахарница

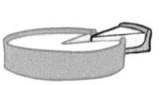

d Portion

порция

d Espressomaschine

кофеварка

dr Hochstuehl

детский стульчик

d Rächnig

счет

s Tablett

поднос

s Mässer

нож

d Gable

вилка

dr Löffel

ложка

dr Teelöffel

чайная ложка

d Serviette

салфетка

s Glas

стакан

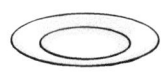

dr Täller

тарелка

dr Suppetällär

суповая тарелка

d Untertasse

блюдце

d Sose

соус

dr Salzstreuer

солонка

d Pfäffermühli

мельница для перца

dr Essig

уксус

s Öl

масло

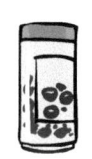

d Gwürz

специи

ds Ketchup

кетчуп

dr Sänf

горчица

d Mayonnaise

майонез

dr Läbensmittellade

супермаркет

s Ahgebot
специальное предложение
FOR
dr Chund
покупатель
d Milchprodukt
молочные продукты
d Frücht
фрукты
dr Iichaufswage
тележка для покупок

BUTCHERS

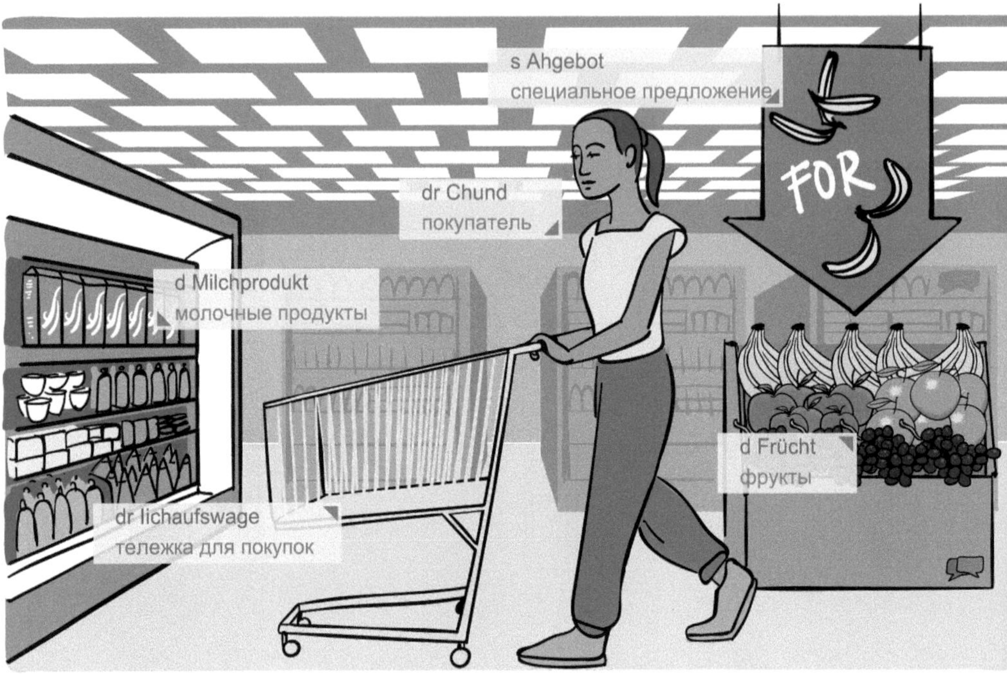

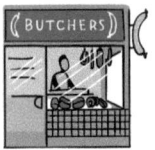

dr Schlachter

мясной магазин

BAKERY

dr Beck

пекарня

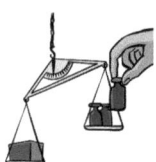

wiege

взвешивать

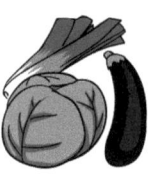

s Gmües

овощи

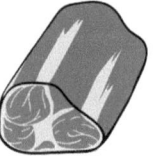

s Fleisch

мясо

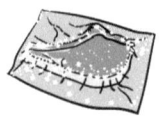

d Tiefkühlprodukt

быстрозамороженные продукты

dr Ufschnitt

нарезка

d Konsärve

консервы

s Wöschmittel

стиральный порошок

d Süessigkeite

сладости

d Huushaltartikel

предмет домашнего обихода

s Putzmittel

моющее средство

d Verchäuferin

продавщица

d Kassä

касса

dr Kassierer

кассир

d Ihchaufsliste

список покупок

d Öffnigszite

время работы

s Portemonnaie

бумажник

d Kreditkarte

кредитная карточка

d Täsche

сумка

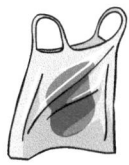

dr Plastiksack

полиэтиленовый пакет

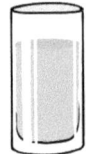

s Wasser

вода

dr Saft

сок

d Milch

молоко

d Cola

кока-кола

dr Wii

вино

s Bier

пиво

dr Alkohol

алкоголь

s Ovi

какао

dr Tee

чай

dr Kafi

кофе

dr Espresso

эспрессо

dr Cappuccino

капучино

d Banane

банан

dr Öpfel

яблоко

d Orange

апельсин

d Melone

арбуз

d Zitrone

лимон

s Rüebli

морковь

dr chnoobli

чеснок

dr Bambus

бамбук

d Zwiblä

лук

dr Pilz

гриб

d Nüss

орехи

d Nudle

лапша

d Spaghetti

спагетти

dr Riis

рис

dr Salat

салат

d Pommfrit

картофель фри

d Bratherdöpfel

жареный картофель

d Pizza

пицца

dr Hamburgär

гамбургер

s Sandwich

сэндвич

s Gotlett

шницель

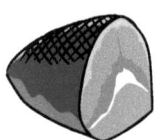

dr Schinkä

ветчина

d Salami

салями

s Würschtli

колбаса

s Huehn

курица

dr Bratä

жаркое

dr Fisch

рыба

d Haferflocke

овсяные хлопья

s Müesli

мюсли

d Cornflakes

кукурузные хлопья

s Mähl

мука

s Gipfeli

круассан

s Brötli

булочка

s Brot

хлеб

dr Toscht

тост

s Guetzli

печенье

d Butter

масло

dr Quark

творог

dr Chueche

пирог

s Ei

яйцо

s Spiegelei

яичница

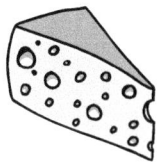

dr Chäs

сыр

d Glace

мороженое

dr Zucker

сахар

dr Honig

мёд

d Gonfi

мармелад

d Nougat-Creme

крем с нугой

s Curry

карри

dr Buurehof

ферма

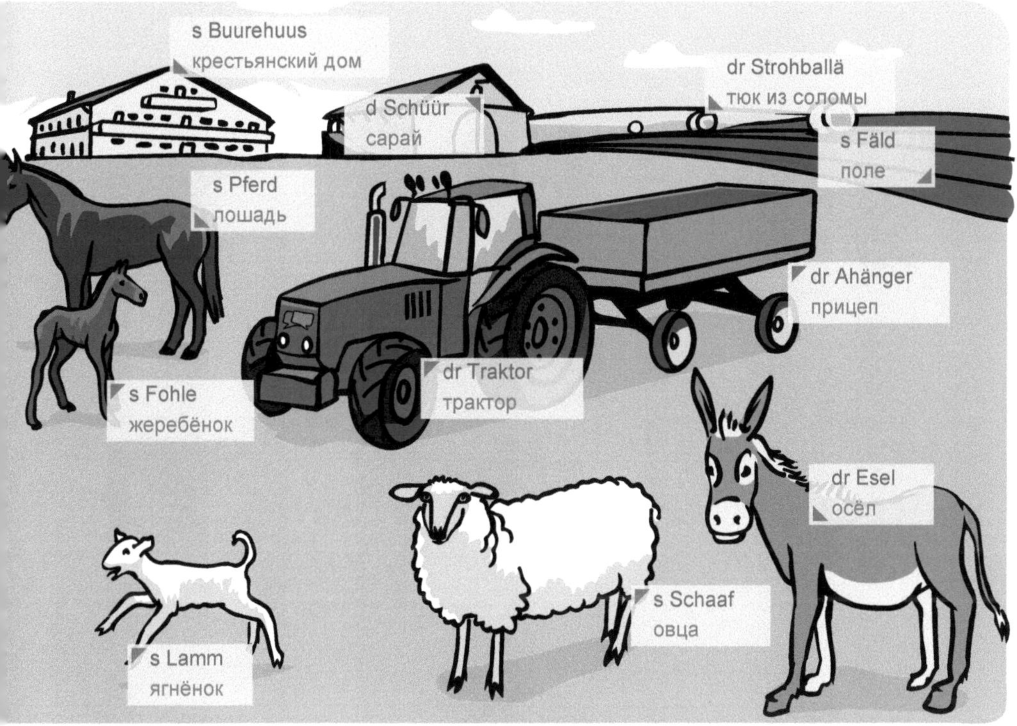

s Buurehuus
крестьянский дом
dr Strohballä
тюк из соломы
d Schüür
сарай
s Fäld
поле
s Pferd
лошадь
dr Ahänger
прицеп
dr Traktor
трактор
s Fohle
жеребёнок
dr Esel
осёл
s Schaaf
овца
s Lamm
ягнёнок

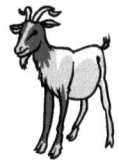

d Geiss

коза

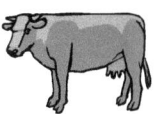

d Chueh

корова

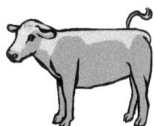

s Chalb

телёнок

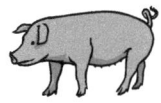

d Sau

свинья

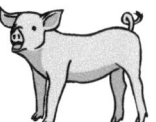

s Ferkel

поросёнок

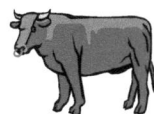

s Rind

бык

d Gans

гусь

d Änte

утка

s Küke

цыплёнок

s Huähn

курица

dr Güggel

петух

d Ratte

крыса

d Chatz

кошка

d Muus

мышь

dr Ochse

вол

dr Hund

собака

d Hundehütte

конура

dr Garteschluuch

садовый шланг

d Giesschanne

лейка

d Sägese

коса

dr Pflueg

плуг

d Sichel

серп

d Hacke

мотыга

d Heugable

навозные вилы

d Axt

топор

d Garette

тачка

dr Trog

корыто

d Milchchanne

бидон для молока

dr Sack

мешок

dr Haag

забор

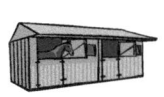

dr Gadä

хлев

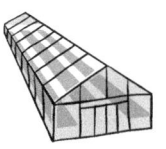

s Gwächshuus

теплица

dr Bode

почва

dr Soome

посев

dr Dünger

удобрение

dr Mähdrescher

комбайн

ärnte

собирать урожай

d Ärnte

урожай

d Yamswurzle

ямс

dr Weize

пшеница

s Soja

соя

dr Härdöpfel

картофель

dr Mais

кукуруза

dr Raps

рапс

dr Obstbaum

фруктовое дерево

dr Maniok

маниок

s Getreide

злаки

s Huus

дом

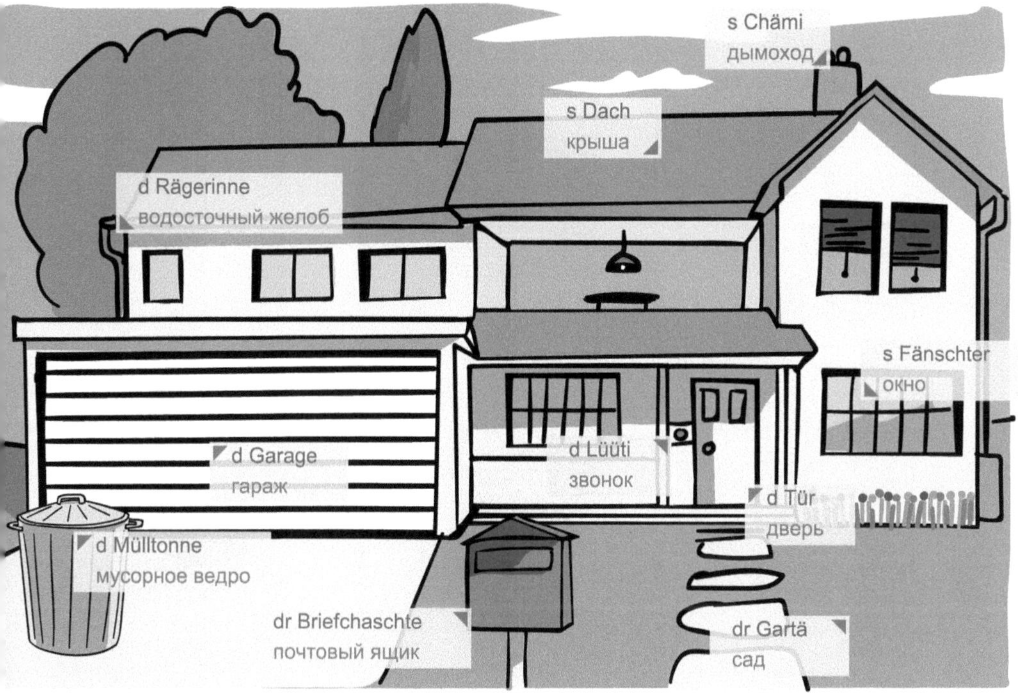

s Chämi
дымоход
s Dach
крыша
d Rägerinne
водосточный желоб
s Fänschter
окно
d Lüüti
звонок
d Garage
гараж
d Tür
дверь
d Mülltonne
мусорное ведро
dr Briefchaschte
почтовый ящик
dr Gartä
сад

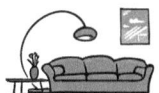

s Stubä

гостиная

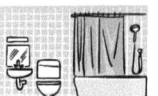

s Badzimmer

ванная комната

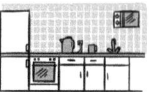

d Chuchi

кухня

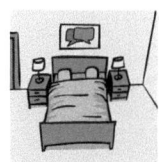

s Schlofzimmer

спальня

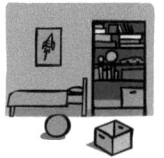

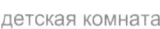

s Chinderzimmer

детская комната

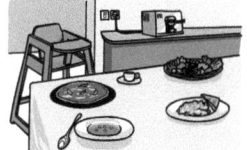

s Ässzimmer

столовая

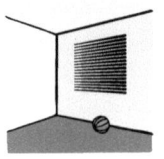

dr Bodä

пол

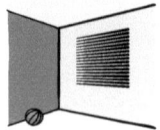

d Wand

стена

d Decki

потолок

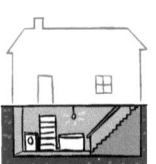

dr Chäller

подвал

d Sauna

сауна

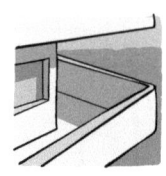

dr Balkon

балкон

d Terasse

терраса

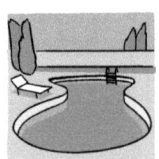

s Pool

бассейн

dr Rasemäier

газонокосилка

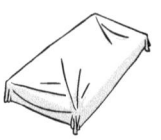

dr Bettbezug

пододеяльник

d Bettdecki

покрывало

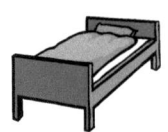

s Bett

кровать

dr Bäse

метла

dr Chübel

ведро

dr Schalter

выключатель

s Stubä

гостиная

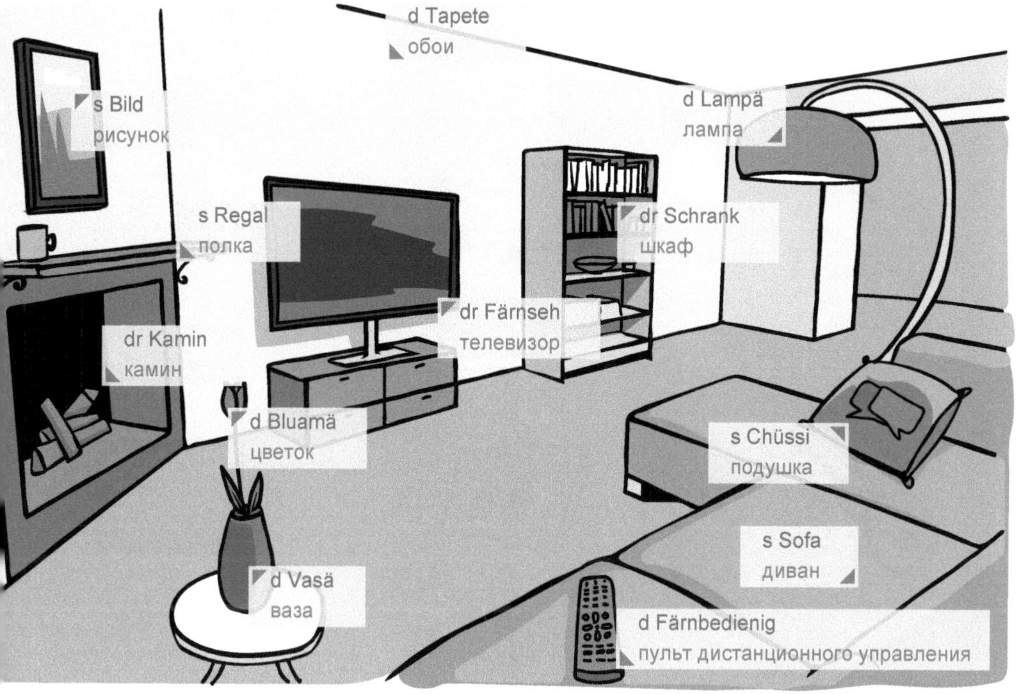

d Tapete
обои
s Bild
рисунок
d Lampä
лампа
s Regal
полка
dr Schrank
шкаф
dr Färnseh
телевизор
dr Kamin
камин
d Bluamä
цветок
s Chüssi
подушка
s Sofa
диван
d Vasä
ваза
d Färnbedienig
пульт дистанционного управления

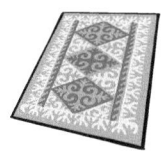

dr Teppich

ковёр

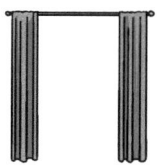

dr Vorhang

штора

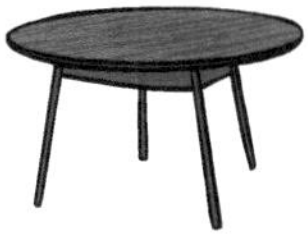

dr Tisch

стол

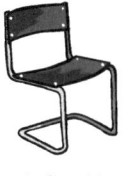

dr Stuehl

стул

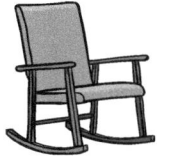

dr Schaukelstuehl

кресло-качалка

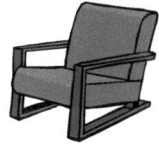

dr Sässel

кресло

s Buech

книга

d Decki

покрывало

d Dekoration

украшение

s Füürholz

дрова

dr Film

фильм

d Stereoahlag

стереосистема

dr Schlüssel

ключ

d Ziitig

газета

s Bild

картина

s Poster

плакат

s Radio

радио

dr Notizblock

блокнот

dr Staubsuuger

пылесос

dr Kaktus

кактус

d Chärze

свеча

s Stubä - гостиная

d Chuchi

кухня

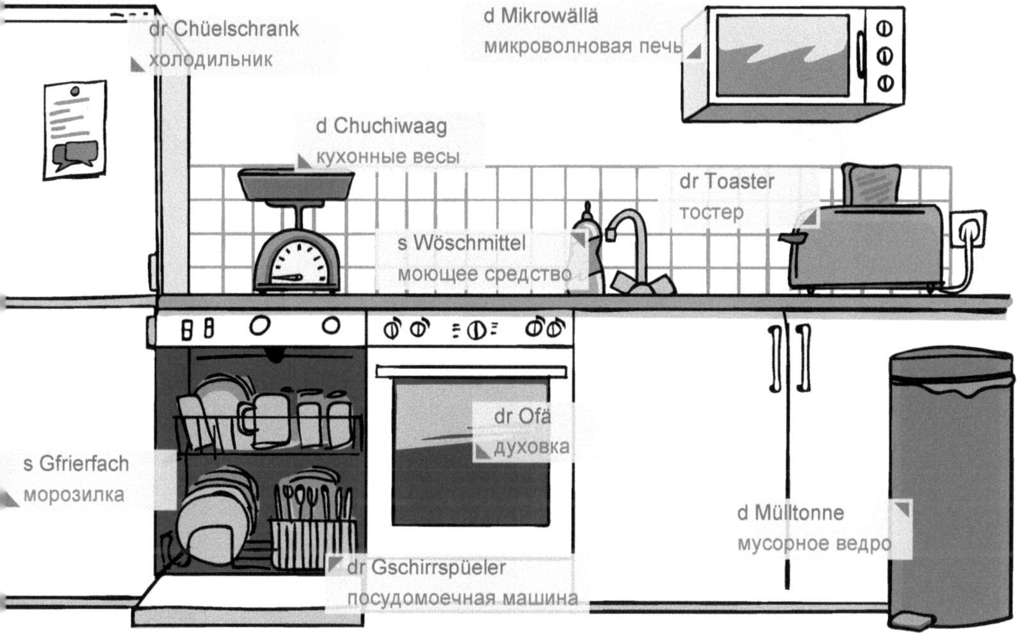
dr Chüelschrank
холодильник
d Mikrowällä
микроволновая печь
d Chuchiwaag
кухонные весы
dr Toaster
тостер
s Wöschmittel
моющее средство
dr Ofä
духовка
s Gfrierfach
морозилка
d Mülltonne
мусорное ведро
dr Gschirrspüeler
посудомоечная машина

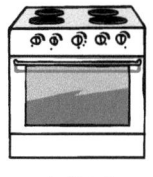

dr Härd

плита

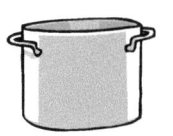

dr Topf

кастрюля

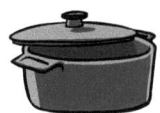

dr Iisetopf

чугунный котелок

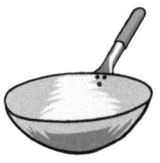

dr Wok / Kadai

вок / кадай

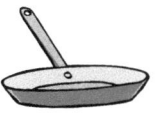

d Pfanne

сковорода

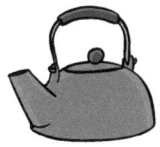

dr Wasserchocher

чайник

dr Dampfer

пароварка

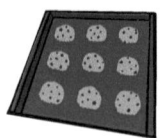

s Bachbläch

противень

s Gschirr

посуда

dr Bächer

кружка

d Schale

миска

d Stäbli

палочки для еды

d Suppechellä

половник

dr Pfannewänder

лопатка

dr Schneebäse

сбивалка

s Sieb

сито

s Sieb

сито

d Raffle

тёрка

dr Mörser

ступка

dr Grill

гриль

d Füürstell

костёр

s Schniidbrätt

доска

s Nudelholz

скалка

dr Korkäzieher

штопор

d Dosä

жестяная банка

dr Dosäöffner

консервный нож

dr Topflappä

прихватка

s Wöschbecki

раковина

d Bürste

щетка

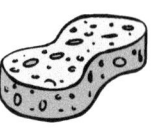

dr Schwumm

губка

dr Mixer

миксер

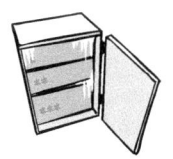

dr Gfrierschrank

морозильная камера

s Babyfläschli

бутылочка для кормления

dr Hahnä

кран

s Badzimmer

ванная комната

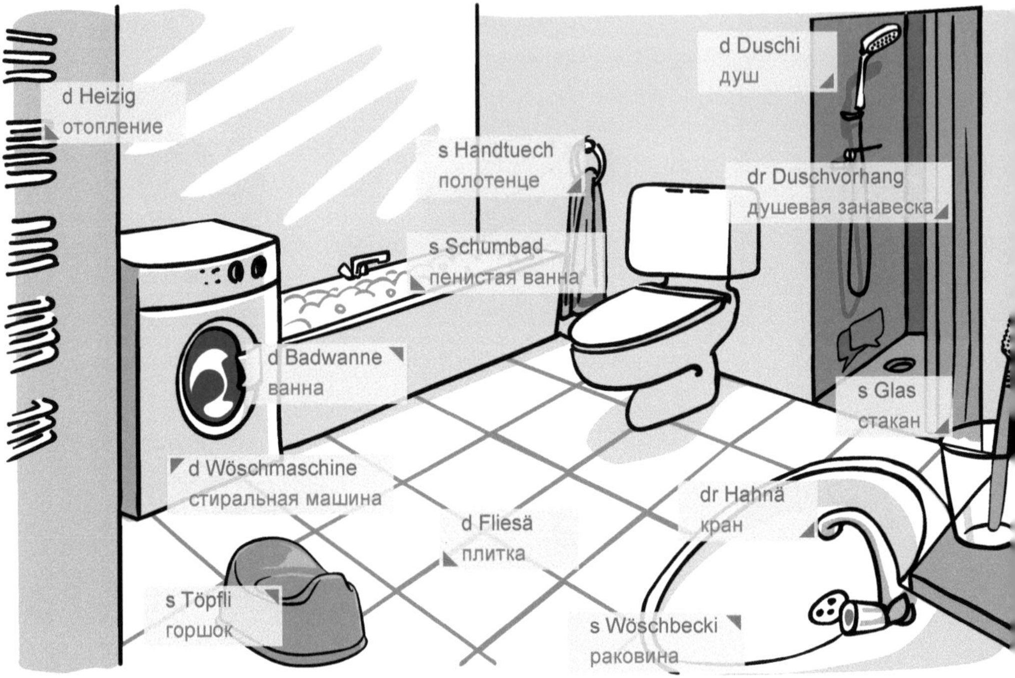

d Duschi
душ

d Heizig
отопление

s Handtuech
полотенце

dr Duschvorhang
душевая занавеска

s Schumbad
пенистая ванна

d Badwanne
ванна

s Glas
стакан

d Wöschmaschine
стиральная машина

d Fliesä
плитка

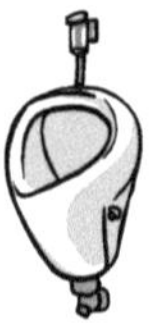

dr Hahnä
кран

s Töpfli
горшок

s Wöschbecki
раковина

d Toilette	s Plumpsklo	s Bidet
туалет	напольный унитаз	биде

s Pissoir	ds Toilettepapier	d Toilettebürschteli
писсуар	туалетная бумага	ершик

d Zahbürstä

зубная щетка

d Zahpasta

зубная паста

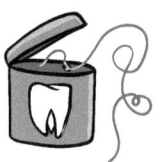

d Zahnsiide

зубная нить

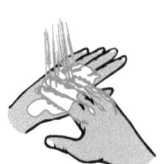

wäsche

мыть

d Handduschi

ручной душ

d Intiimduschi

интимный душ

s Wöschbecki

таз

d Ruggäbürste

щетка для спины

d Seifä

мыло

s Duschgel

гель для душа

s Shampoo

шампунь

dr Waschlappä

мочалка

dr Abfluss

сток

d Creme

крем

s Deo

дезодорант

dr Spiegel

зеркало

dr Handspiegel

ручное зеркало

dr Rasierer

бритва

dr Rasierschuum

пена для бритья

s Aftershave

лосьон после бритья

dr Schträäl

расческа

d Bürstä

щетка

dr Föhn

фен

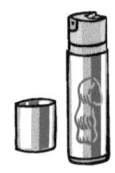

s Hoorspray

лак для волос

s Makeup

косметика

dr Lippestift

губная помада

dr Nagellack

лак для ногтей

d Wattä

вата

d Nagelscher

маникюрные ножницы

s Parfum

духи

s Necessaire

косметичка

dr Schemel

табуретка

d Waag

весы

dr Badmantel

халат

dr Gummihändscheh

резиновые перчатки

s Tampon

тампон

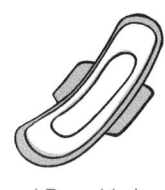

d Damebinde

гигиеническая прокладка

d chemischi Toilette

биотуалет

s Chinderzimmer
детская комната

dr Wecker
будильник
s Kuscheltier
мягкая игрушка
s Spielzügauto
игрушечный автомобиль
d Rassle
погремушка
s Puppehuus
кукольный домик
s Gschänk
подарок

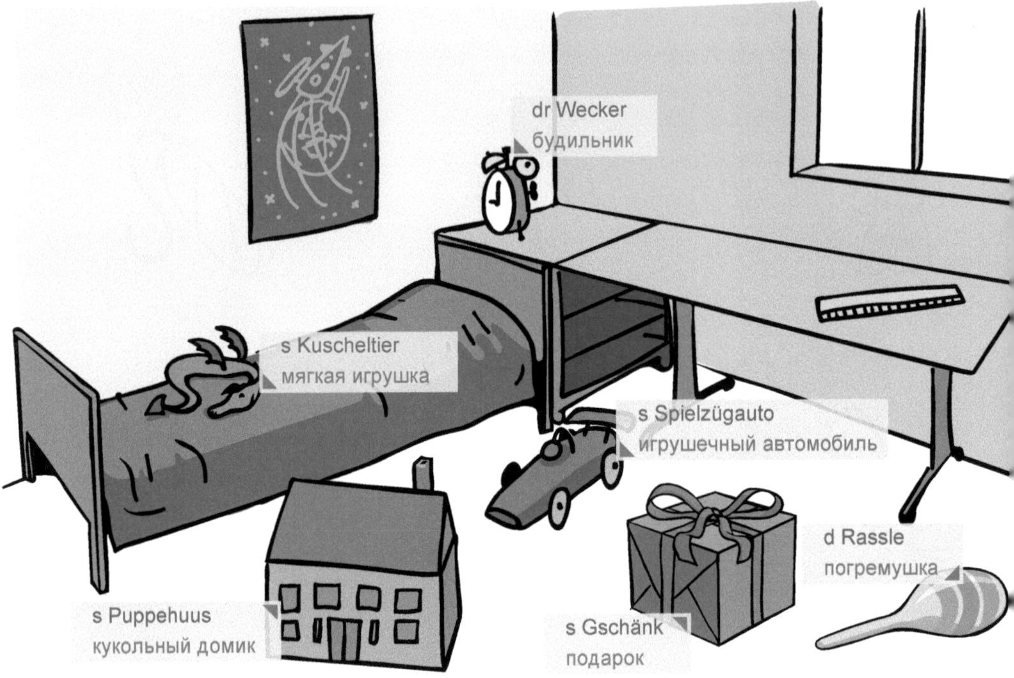

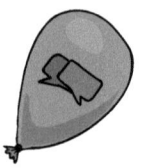

dr Ballon

воздушный шар

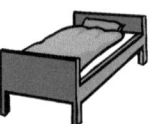

s Bett

кровать

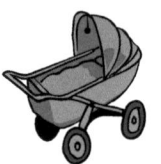

dr Chinderwage

детская коляска

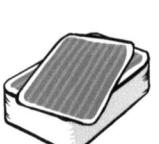

s Chartespiel

карточная игра

s Puzzle

пазл

SUPER
MEGA

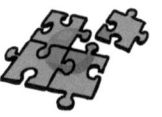

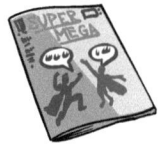

dr Comic

комикс

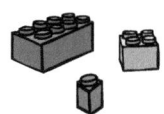

d Legos

кирпичики Лего

d Baustei

кубики

d Action Figur

игрушечная фигурка

s Strampli

ползунки

s Frisbee

фрисби

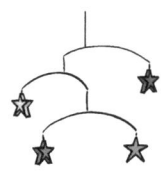

s Mobile

мобиле

s Brättspiel

настольная игра

dr Würfäl

кубик

d Modellisebahn

модель железной дороги

dr Nuggi

соска

d Party

вечеринка

s Bilderbuch

книга с картинками

dr Ball

мяч

d Puppä

кукла

spiele

играть

dr Sandchaschte

песочница

d Gigampfi

качели

s Spielzüg

игрушка

d Videospielkonsole

игровая приставка

s Dreirad

трёхколесный велосипед

dr Teddy

плюшевый медвежонок

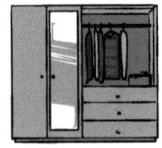

dr Chleiderschrank

шкаф для одежды

d Chleidig

одежда

d Sockä

носки

d Strümpf

чулки

d Strumpfhosä

колготки

dr Schal
шарф

dr Rägeschirm
зонтик

s T-Shirt
футболка

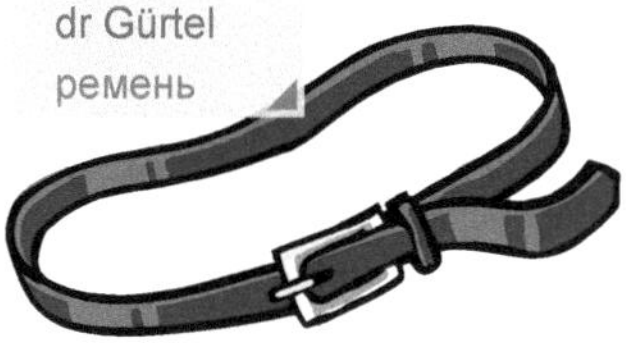

dr Gürtel
ремень

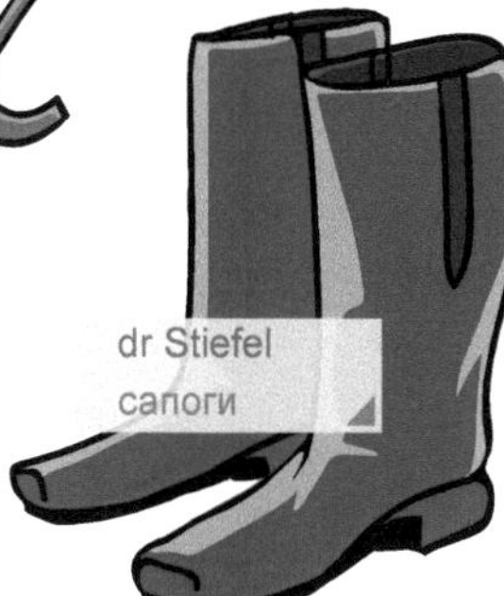

dr Stiefel
сапоги

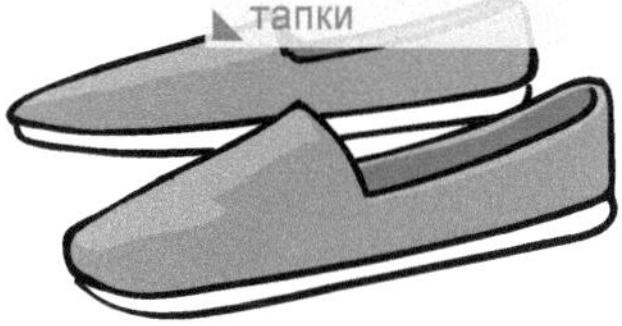

d Badschlappe
тапки

d Turnschueh
кроссовки

d Sandalä
....
сандалии

d Schueh
....
ботинки

d Gummistiefel
....
резиновые сапоги

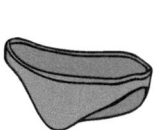

d Untrhosä
....
трусы

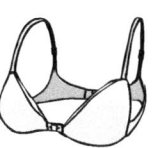

dr BH
....
бюстгальтер

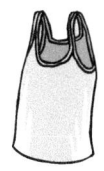

s Underlibli
....
майка

dr Body

боди

d Hosä

брюки

d Jeans

джинсы

dr Rock

юбка

d Bluse

блузка

s Hömli

рубашка

dr Pulli

свитер

dr Kapuzepulli

свитер

dr Blazer

спортивная куртка

d Jacke

жакет

dr Mantel

пальто

dr Rägämantel

плащ

s Chostüm

костюм

s Chleid

платье

s Hochziitskleid

свадебное платье

dr Ahzug

мужской костюм

s Nachthömli

ночная сорочка

s Pyjama

пижама

dr Sari

сари

s Chopftuäch

платок

dr Turban

тюрбан

d Burka

паранджа

dr Kaftan

кафтан

d Abaya

абайя

s Badchleid

купальник

d Badhose

плавки

d churzi Hosä

шорты

dr Trainer

спортивный костюм

d Schürze

фартук

d Händsche

перчатки

dr Chnopf

пуговица

d Brüllä

очки

s Armband

браслет

d Chetti

цепочка

dr Ring

кольцо

dr Ohrering

серьга

d Chappe

шапка

dr Chleiderbügel

вешалка

dr Huet

шляпа

d Grawattä

галстук

dr Riissverschluss

застежка молния

dr Helm

шлем

dr Hosäträger

подтяжки

d Schueluniform

школьная форма

d Uniform

форма

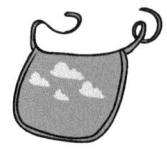

s Lätzli

детский нагрудник

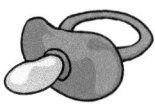

dr Nuggi

соска

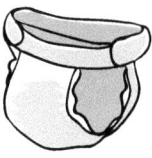

d Windle

подгузник

s Büro
офис

dr Server
сервер
dr Akteschrank
канцелярский шкаф
dr Drucker
принтер
s Papier
бумага
dr Monitor
монитор
d Muus
мышь
dr Schribtisch
письменный стол
dr Ordner
папка
d Taschtatur
клавиатура
dr Papierchorb
корзина для бумаг
dr Computer
компьютер
dr Stuehl
стул

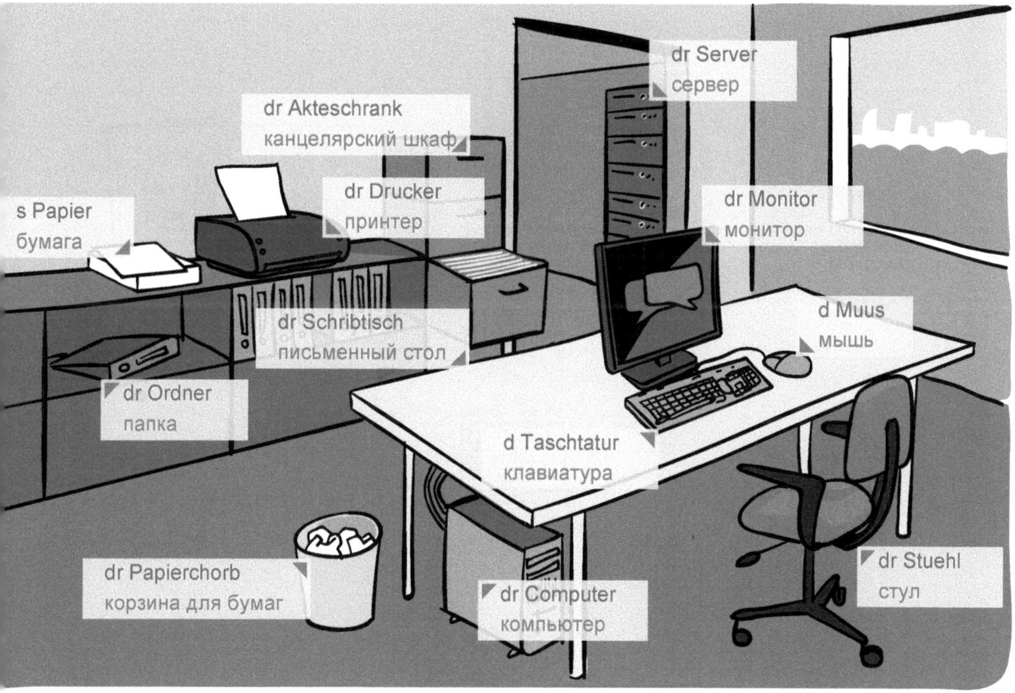

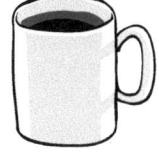

dr Kafibächer

кофейная кружка

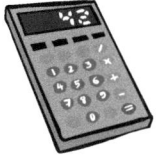

dr Tascherächner

калькулятор

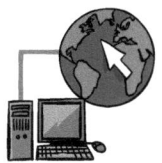

s Internet

интернет

dr Laptop

ноутбук

dr Brief

письмо

d Nochricht

сообщение

s Mobiltelefon

мобильный телефон

s Netzwärk

сеть

dr Kopierer

ксерокс

d Software

программа

s Telefon

телефон

d Steckdosä

розетка

s Fax

факс

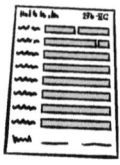

s Formular

формуляр

s Dokumänt

документ

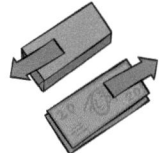

chaufe

покупать

zahle

платить

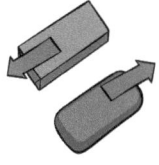

handle

торговать

s Gäld

деньги

dr Dollar

доллар

dr Euro

евро

dr Yen

иена

dr Rubel

рубль

dr Frankä

франк

dr Renminbi Yuan

жэньминьби юань

d Rupie

рупия

dr Gäldautomat

банкомат

d Wächselstube

пункт обмена валюты

s Gold

золото

s Silber

серебро

s Öl

нефть

d Energie

энергия

dr Preis

цена

dr Vertrag

договор

d Stüür

налог

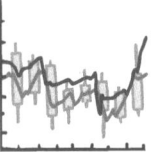

d Aktie

акция

schaffe

работать

dr Mitarbeiter

служащий

dr Arbeitgeber

работодатель

d Fabrik

фабрика

s Gschäft

магазин

d Brüef
профессии

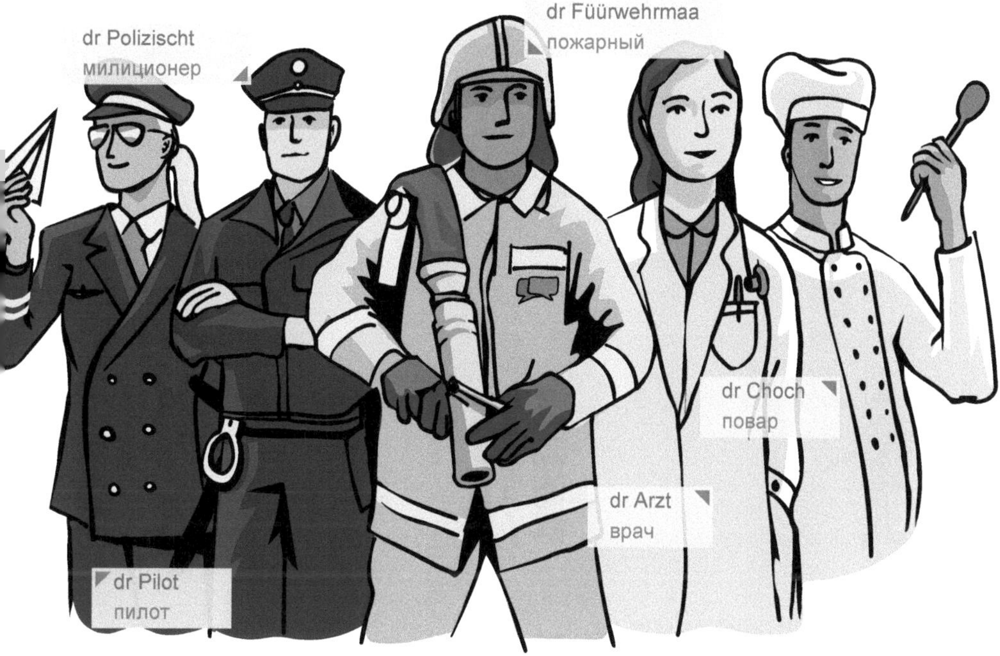
dr Polizischt
милиционер
dr Füürwehrmaa
пожарный
dr Choch
повар
dr Arzt
врач
dr Pilot
пилот

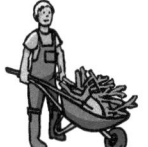

dr Gärtner
садовник

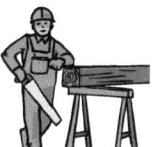

dr Zimmermah
столяр

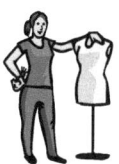

d Näheri
швея

dr Richter
судья

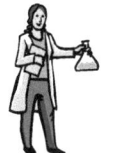

dr Chemiker
химик

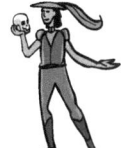

dr Darsteller
актёр

dr Busfahrer

водитель автобуса

dr Taxifahrer

таксист

dr Fischer

рыбак

d Putzfrau

уборщица

dr Dachdecker

кровельщик

dr Chällner

официант

dr Jäger

охотник

dr Moler

художник

dr Bäcker

пекарь

dr Elektriker

электрик

dr Bauarbeiter

строитель

dr Ingenieur

инженер

dr Schlachter

мясник

dr Klämpner

сантехник

dr Pöschtler

почтальон

dr Soldat

солдат

dr Architekt

архитектор

dr Kassierer

кассир

dr Florischt

флорист

dr Frisör

парикмахер

dr Kontrolleur

кондуктор

dr Mechaniker

механик

dr Kapitän

капитан

dr Zahnarzt

зубной врач

dr Wüsseschaftler

ученый

dr Rabbi

раввин

dr Imam

имам

dr Mönch

монах

dr Pfarrer

священник

d Werkzüüg

инструменты

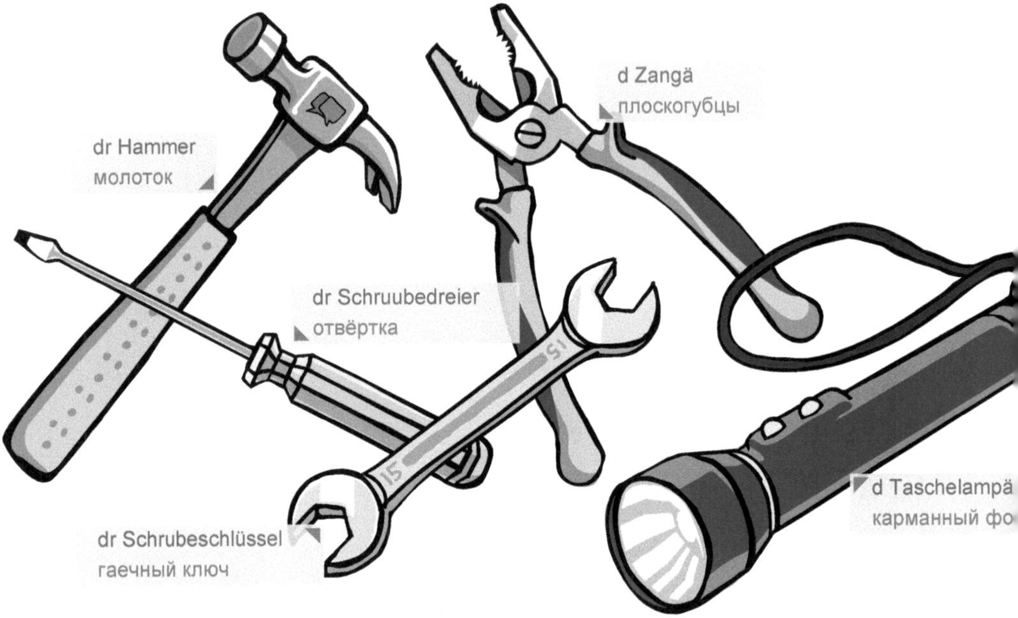

d Zangä
плоскогубцы
dr Hammer
молоток
dr Schruubedreier
отвёртка
d Taschelampä
карманный фо
dr Schrubeschlüssel
гаечный ключ

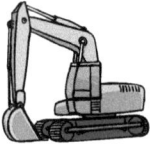

dr Bagger

экскаватор

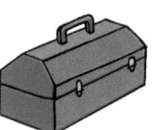

dr Werkzüügchaschte

ящик для инструментов

d Leitere

стремянка

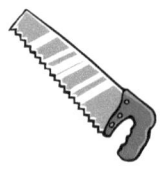

d Sagi

пила

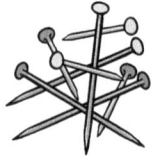

d Negel

гвозди

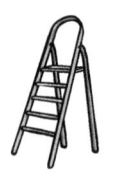

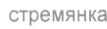

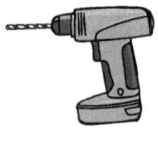

dr Bohrer

дрель

flicke

ремонтировать

d Schufle

лопата

Mischt!

Блин!

d Ascheschufle

совок

dr Farbchübel

ведро с краской

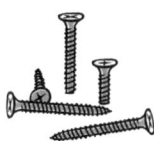

d Schruube

винты

d Musiginstrumänt
музыкальные инструменты

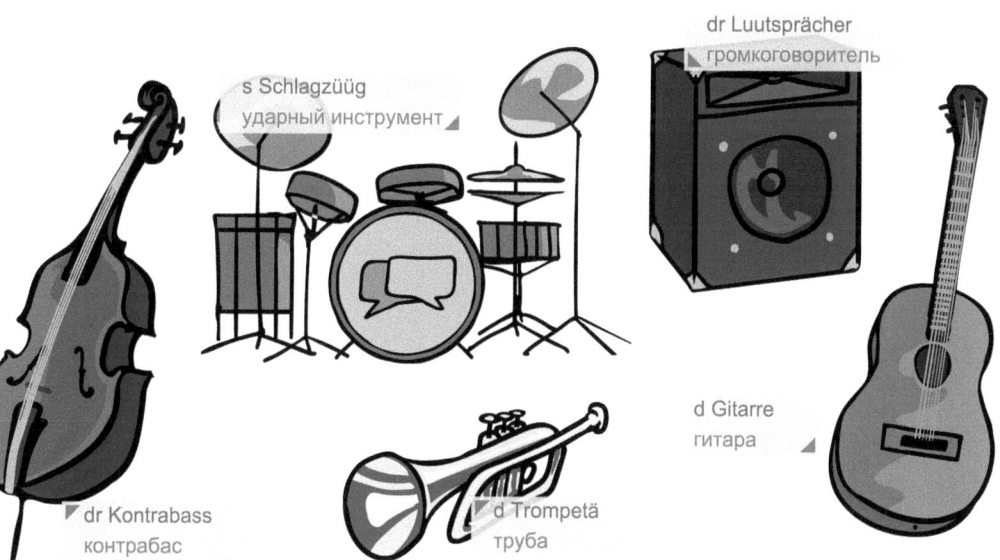

dr Luutsprächer
громкоговоритель

s Schlagzüüg
ударный инструмент

d Gitarre
гитара

dr Kontrabass
контрабас

d Trompetä
труба

s Klavier

пианино

d Violine

скрипка

dr Bass

бас-гитара

d Pauke

литавры

d Trummle

барабан

s Keyboard

синтезатор

s Saxophon

саксофон

d Flöte

флейта

s Mikrofon

микрофон

dr Zolli

зоопарк

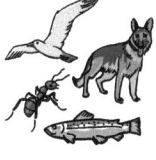

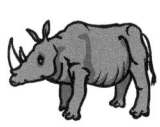

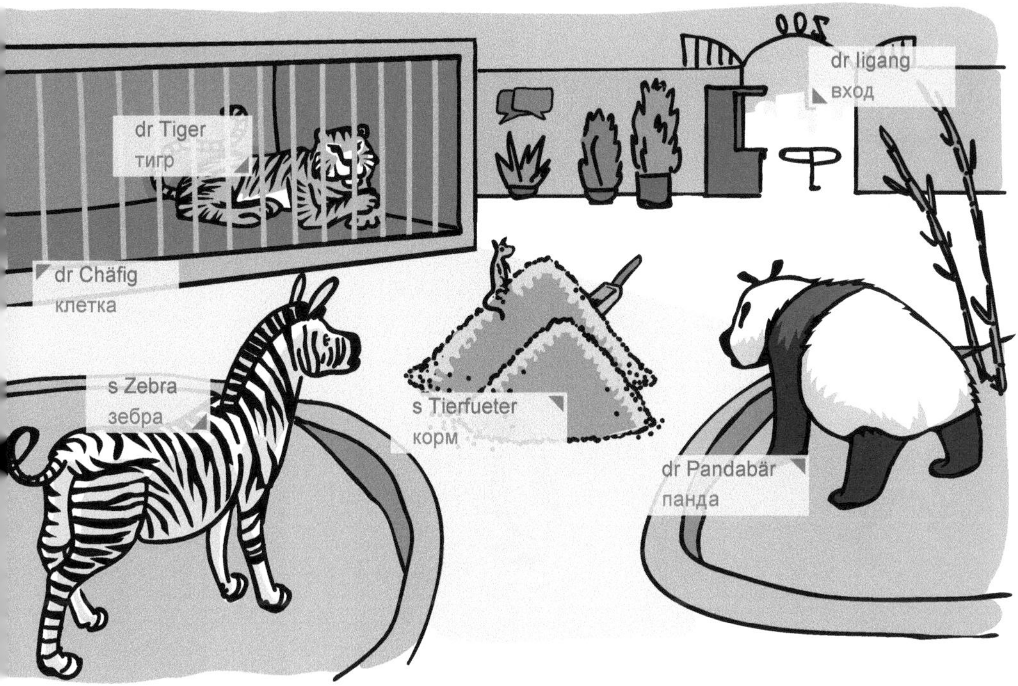
dr Iigang
вход
dr Tiger
тигр
dr Chäfig
клетка
s Zebra
зебра
s Tierfueter
корм
dr Pandabär
панда

d Tier

животные

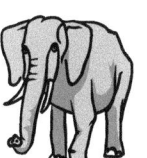

dr Elefant

слон

s Känguru

кенгуру

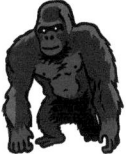

s Nashorn

носорог

dr Gorilla

горилла

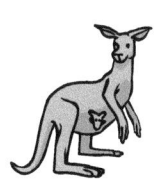

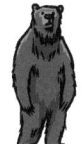

dr Bär

медведь

s Kamel

верблюд

dr Struss

страус

dr Leu

лев

dr Aff

обезьяна

dr Flamingo

фламинго

dr Papagei

попугай

dr Iisbär

белый медведь

dr Pinguin

пингвин

dr Hai

акула

dr Pfau

павлин

d Schlangä

змея

s Krokodil

крокодил

dr Zoowärter

служитель зоопарка

d Robbä

тюлень

dr Jaguar

ягуар

s Pony

пони

dr Leopard

леопард

s Nilpfärd

бегемот

d Giraff

жираф

dr Adler

орёл

s Wildschwein

кабан

dr Fisch

рыба

d Schildkrot

черепаха

s Walross

морж

dr Fuchs

лиса

d Gazelle

газель

s American Football
американский футбол

s Velofahre
езда на велосипеде

s Tennis
теннис

dr Basketball
баскетбол

s Schwümmä
плавание

s Boxä
бокс

s Iishockey
хоккей

dr Fuessball
футбол

s Badminton
бадминтон

d Liechtathletik
лёгкая атлетика

dr Handball
гандбол

s Skifahre
лыжный спорт

s Polo
поло

d Aktivitäte

действия

springä
прыгать
singe
петь
umarme
обнимать
lachä
смеяться
gah
идти
troime
мечтать
bätte
молиться
küssä
целовать

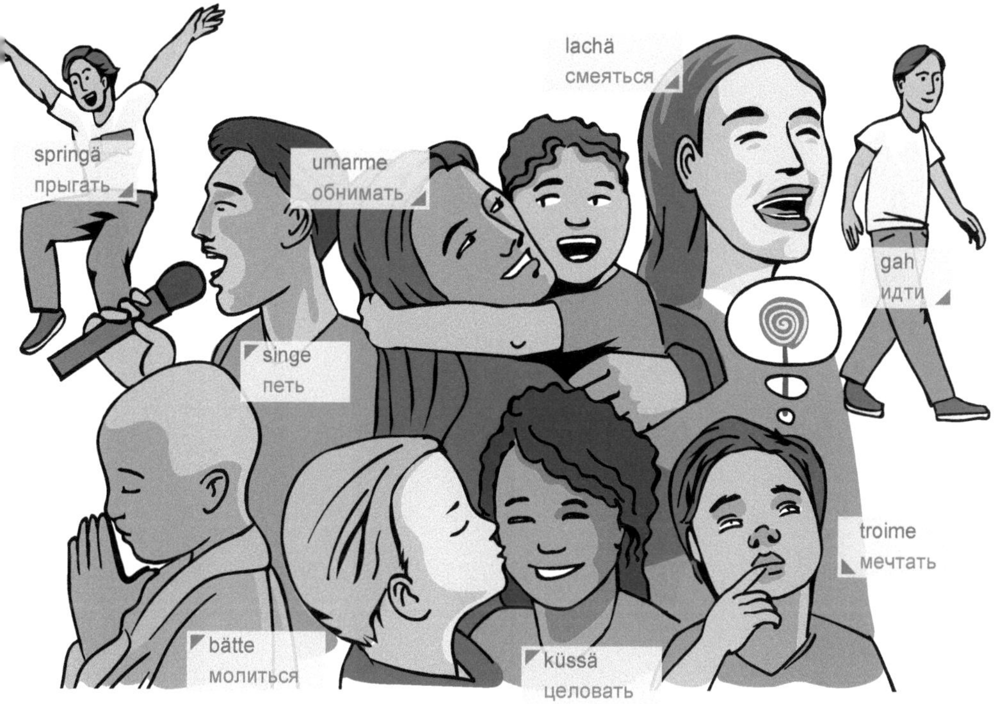

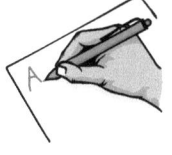

schribe

писать

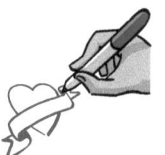

zeichne

рисовать

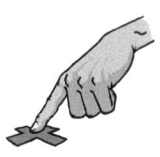

zeige

показывать

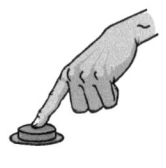

schiebe

нажимать

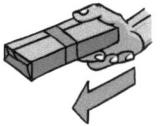

gäh

давать

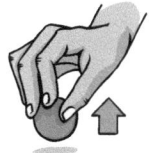

näh

брать

händ

иметь

mache

делать

sy

быть

stah

стоять

laufe

бежать

zieh

тянуть

rüerä

бросать

fallä

падать

ligge

лежать

warte

ждать

träge

носить

sitze

сидеть

ahzieh

надевать

schlafe

спать

ufwache

просыпаться

ahluege

рассматривать

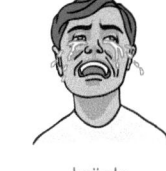

brüele

плакать

striichle

гладить

bürste

причесывать

redä

говорить

verschtah

понимать

froog

спрашивать

lose

слушать

trinke

пить

ässe

кушать

ufruume

наводить порядок

liebe

любить

chochä

готовить

fahre

ехать

flüge

летать

segle

ходить под парусом

rächne

считать

läse

читать

leerä

учиться

schaffe

работать

hürate

вступать в брак

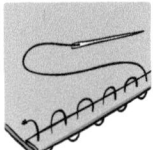

näije

шить

Zäh putze

чистить зубы

töte

убивать

schlootä

курить

sände

отправлять

Grossmuetter
бушка

dr Grossvater
дедушка

dr Vatter
папа

d Muetter
мама

s Baby
младенец

d Tochter
дочь

dr Sohn
сын

dr Gast

гость

d Tante

тетя

dr Unkel

дядя

dr Brüeder

брат

d Schwöschter

сестра

dr Körpär

тело

d Stirn
лоб
ds Aug
глаз
d Schultere
плечо
dr Fingär
палец
s Gsicht
лицо
s Chüni
подбородок
d Hand
кисть
s Bei
нога
d Bruscht
грудь
dr Arm
рука

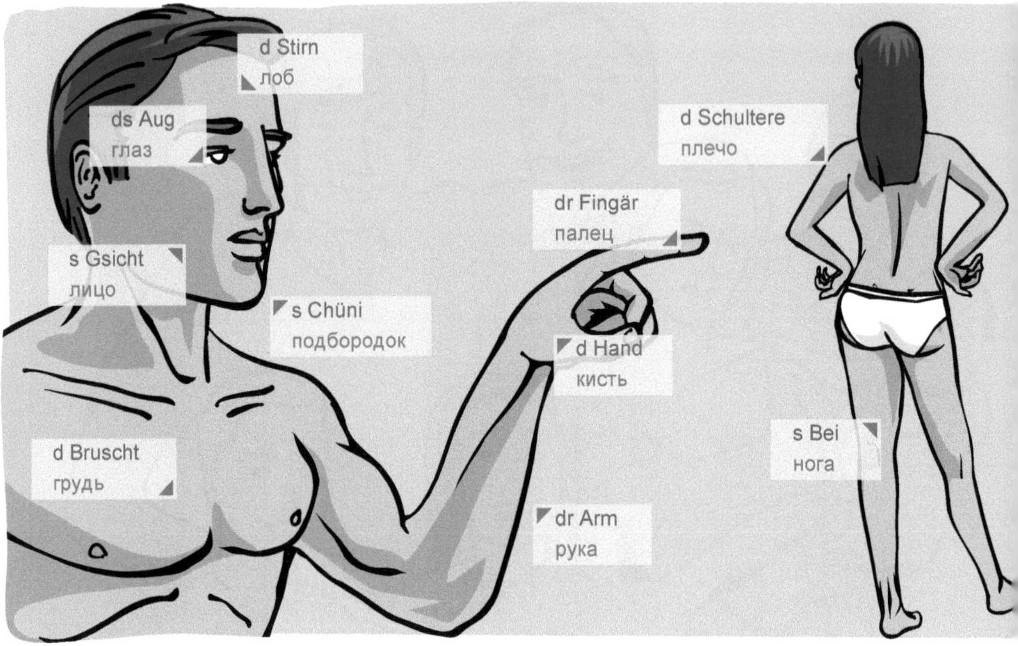

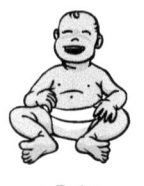

s Baby

младенец

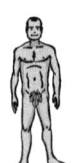

dr Mah

мужчина

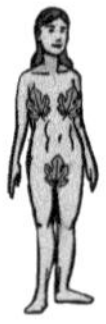

d Frau

женщина

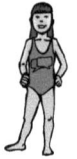

s Meitli

девочка

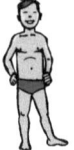

dr Bueb

мальчик

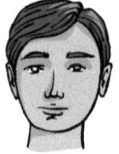

dr Chopf

голова

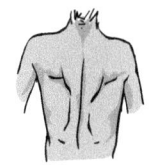

dr Ruggä

спина

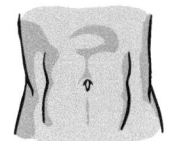

dr Buuch

живот

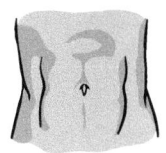

dr Buchnabel

пупок

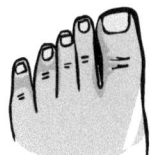

dr Zäche

палец ноги

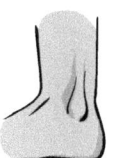

d Fersä

пятка

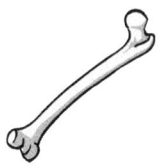

d Knoche

кость

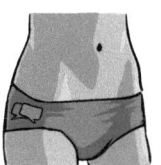

d Hüfte

бедро

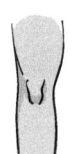

s Chnü

колено

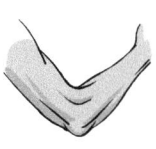

dr Ellbogä

локоть

d Nase

нос

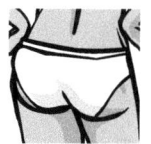

s Füdli

ягодицы

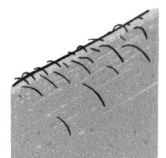

d Hut

кожа

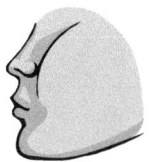

d Bagge

щека

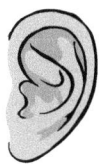

s Ohr

ухо

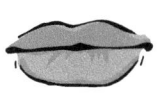

d Lippe

губа

s Muul

рот

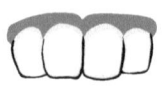

dr Zah

зуб

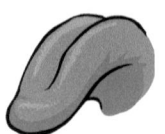

d Zungä

язык

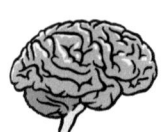

s Hirni

мозг

s Härz

сердце

dr Muskel

мышца

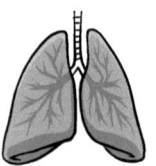

d Lungä

лёгкое

d Läberä

печень

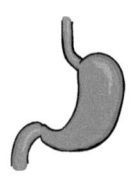

dr Magen

желудок

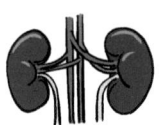

d Nierä

почки

dr Gschlächtsvrkehr

половой акт

s Kondom

презерватив

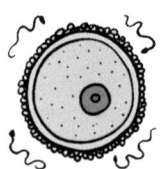

d Eizälle

яйцеклетка

dr Soome

сперма

d Schwangerschaft

беременность

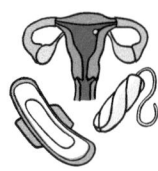

d Menstruation

менструация

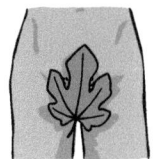

d Vagina

вагина

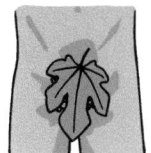

dr Penis

пенис

d Augebrauä

бровь

s Haar

волосы

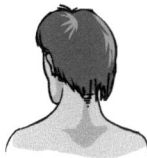

dr Hals

шея

s Spital
больница

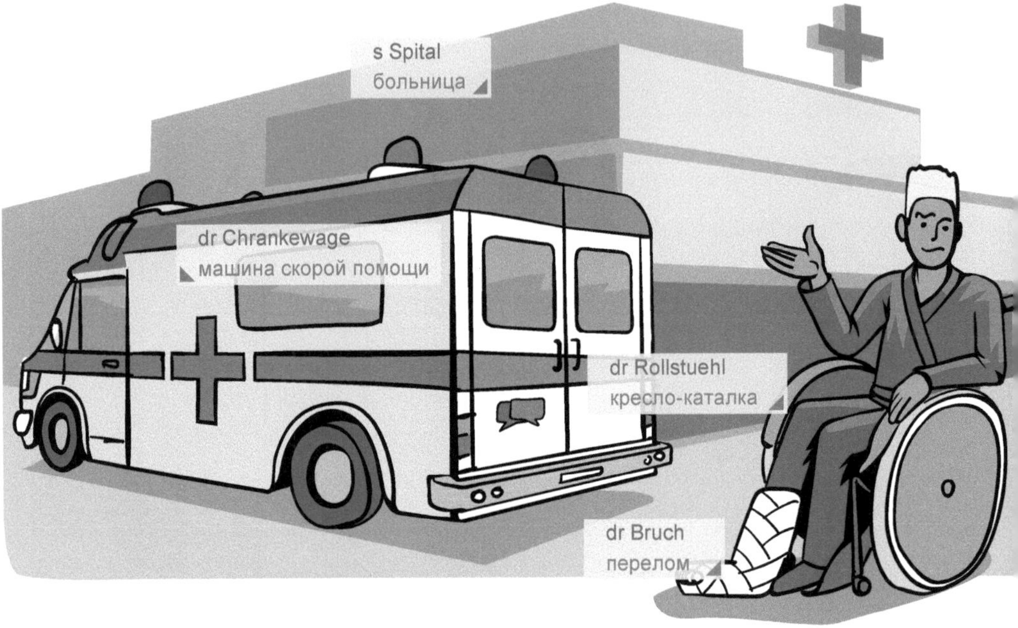

s Spital
больница
dr Chrankewage
машина скорой помощи
dr Rollstuehl
кресло-каталка
dr Bruch
перелом

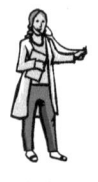

dr Arzt

врач

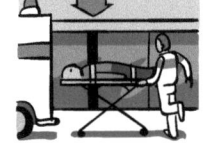

d Notufnahm

пункт первой помощи

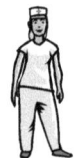

d Chrankeschwöschter

медсестра

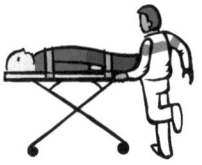

dr Notfall

неотложный случай

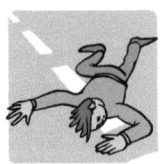

ohnmächtig

без сознания

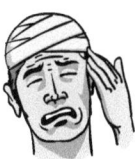

dr Schmärz

боль

d Verletzig

повреждение

d Bluätig

кровотечение

dr Härzinfarkt

инфаркт

dr Schlagahfall

инсульт

d Allergie

аллергия

dr Hueschtä

кашель

s Fieber

овышенная температура

d Grippe

грипп

dr Durchfall

понос

d Kopfschmärze

головная боль

dr Kräbs

рак

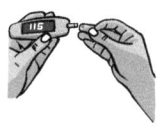

dr Diabetes

диабет

dr Chirurg

хирург

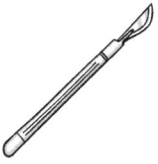

s Skalpell

скальпель

d Operation

операция

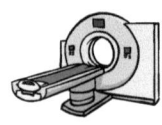

s CT

КТ

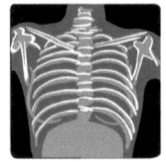

s Röntgä

рентген

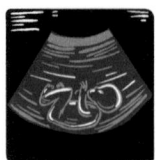

s Ultraschall

ультразвук

d Gsichtsmaske

маска

d Krankhet

болезнь

s Wartezimmer

приёмная

d Krückä

костыль

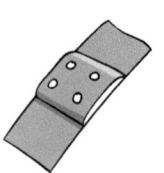

s Pflaster

пластырь

dr Vrband

бинт

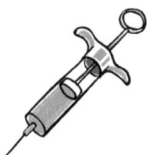

d Injektion

укол

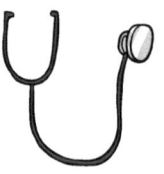

s Stethoskop

стетоскоп

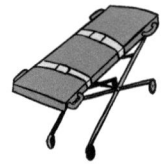

d Trage

носилки

s Thermometer

термометр

d Geburt

рождение

s Übergwicht

избыточный вес

s Spital - больница

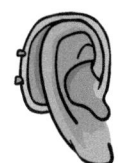

s Hörgrät

слуховой аппарат

s Desinfektionsmittel

дезинфекционное
средство

d Infektion

инфекция

s Virus

вирус

s HIV / AIDS

ВИЧ / СПИД

d Medizin

лекарство

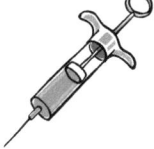

d Impfig

прививка

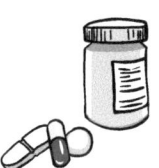

d Tablette

таблетки

d Pille

противозачаточная
таблетка

dr Notruef

экстренный вызов

s Bluetdruck-Mässgrät

прибор для измерения
кровяного давления

chrank / gsund

больной / здоровый

Hiufe!

Помогите!

dr Alarm

сигнал тревоги

dr Überfall

нападение

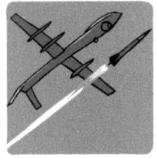

dr Ahgriff

атака

d Gfohr

опасность

dr Notuusgang

запасной выход

Füür!

Пожар!

dr Füürlöscher

огнетушитель

dr Unfall

несчастный случай

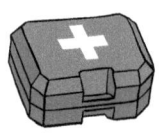

dr Ersti-Hilf-Koffer

аптечка

SOS

SOS

d Polizei

милиция

s Europa

Европа

s Nordamerika

Северная Америка

s Südamerika

Южная Америка

s Afrika

Африка

s Asie

Азия

s Auschtralie

Австралия

dr Atlantik

Атлантический океан

dr Pazifik

Тихий океан

dr Indische Ozean

Индийский океан

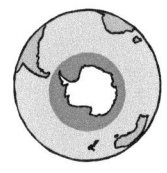

dr Antarktische Ozean

Антарктический океан

dr Arktische Ozean

Северный Ледовитый океан

dr Nordpol

Северный полюс

dr Südpol

Южный полюс

d Antarktis

Антарктика

d Ärde

земля

s Land

суша

s Meer

море

d Inslä

остров

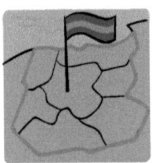

d Nation

нация

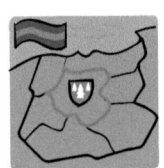

dr Staat

государство

d Ärde - земля

s Ziffereblatt

циферблат

dr Stundezeiger

часовая стрелка

dr Minutezeiger

минутная стрелка

dr Sekundezeiger

секундная стрелка

Wie spaht isch es?

Который час?

dr Tag

день

d Zit

время

jetzt

сейчас

d Digitaluhr

электронные часы

d Minute

минута

d Stunde

час

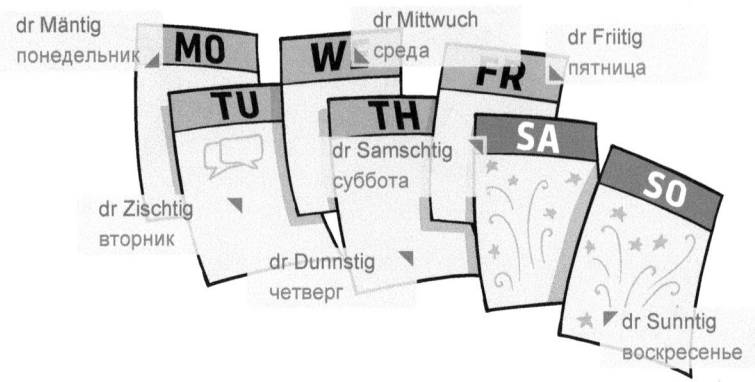

dr Mäntig
понедельник

dr Mittwuch
среда

dr Friitig
пятница

dr Zischtig
вторник

dr Samschtig
суббота

dr Dunnstig
четверг

dr Sunntig
воскресенье

geschter

вчера

hüt

сегодня

morn

завтра

dr Morgä

утро

dr Mittag

полдень

dr Aabig

вечер

d Wärktag

рабочие дни

s Wuchenänd

выходные

s Johr

год

dr Räge
дождь
dr Rägeboge
радуга
dr Schnee
снег
dr Wind
ветер
dr Früelig
весна
dr Herbscht
осень
dr Summer
лето
dr Winter
зима

4.APRIL 11°
5.APRIL 4°
6.APRIL 13°
7.APRIL 8°
8.APRIL 10°

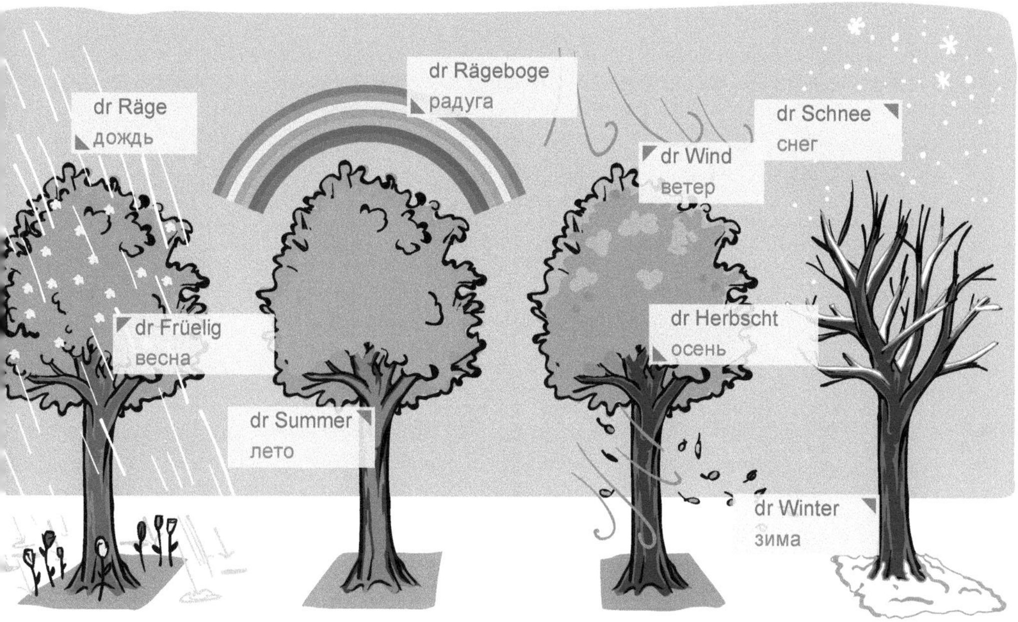

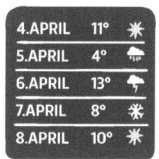

d Wättervorhärsag

прогноз погоды

F C
120 40
90 30
60 20
30 10
0 0
-30 -10
-20

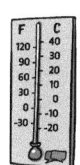

s Thermometer

термометр

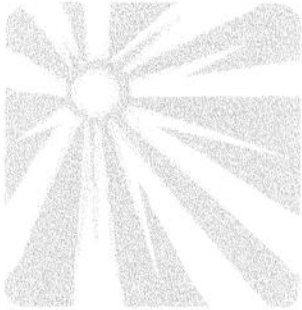

dr Sunneschiin

солнечный свет

d Wolkä

туча

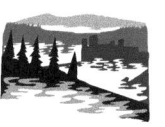

d Näbel

туман

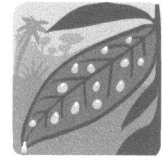

d Fiechtigkeit

влажность воздуха

dr Blitz

молния

dr Dunner

гром

dr Sturm

буря

d Hagel

град

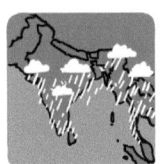

dr Monsun

муссон

d Fluet

наводнение

s Iis

лёд

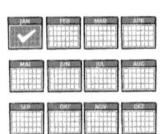

dr Januar

январь

dr Februar

февраль

dr März

март

dr April

апрель

dr Mai

май

dr Juni

июнь

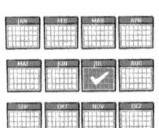

dr Juli

июль

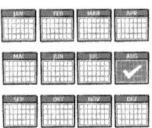

dr Auguscht

август

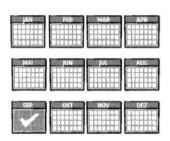

dr Septämber

....

сентябрь

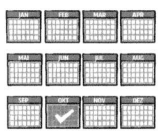

dr Oktober

....

октябрь

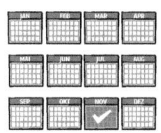

dr Novämber

....

ноябрь

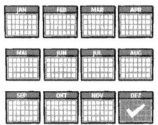

dr Dezämber

....

декабрь

d Forme

формы

dr Kreis

....

круг

s Quadrat

....

квадрат

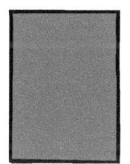

s Rächteck

....

прямоугольник

s Dreieck

....

треугольник

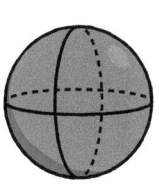

d Chugele

....

шар

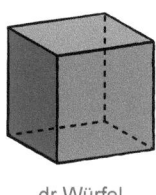

dr Würfel

....

куб

d Farbä

цвета

wiss

белый

gäl

желтый

orange

оранжевый

pink

розовый

rot

красный

liila

лиловый

blau

синий

grüen

зелёный

bruun

коричневый

grau

серый

schwarz

черный

viel / wenig

много / мало

hässig / ruhig

яростный / мирный

hübsch / hässlich

красивый / уродливый

dr Ahfang / s Ändi

начало / конец

gross / chli

большой / маленький

hell / dunkel

светлый / темный

~ Brüeder / d Schwöschter

брат / сестра

suuber / dräckig

чистый / грязный

vollständig / unvollständig

полный / неполный

dr Tag / d Nacht

день / ночь

tot / läbig

мёртвый / живой

breit / schmal

широкий / узкий

ässbar / nid ässbar

съедобный / несъедобный

bös / fründlich

злой / дружелюбный

uffreggt / glangwilt

взволнованный / скучающий

dick / dünn

толстый / худой

zerscht / zletscht

сначала / в конце

dr Fründ / dr Find

друг / враг

voll / läär

полный / пустой

hart / weich

твёрдый / мягкий

schwer / liecht

тяжёлый / легкий

dr Hunger / dr Durscht

голод / жажда

chrank / gsund

больной / здоровый

illegal / legal

незаконный / законный

intelligänt / gatz

умный / глупый

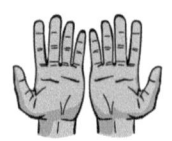

links / rächts

слева / справа

nöch / wiit weg

близко / далеко

neu / bruucht

новый / подержанный

nüt / öpis

ничто / нечто

alt / jung

старый / молодой

ah / uss

включено / выключено

offe / zue

открыто / закрыто

lislig / luut

тихо / громко

riich / arm

богатый / бедный

richtig / falsch

правильный /
неправильный

rau / glatt

шероховатый / гладкий

truurig / glücklich

печальный / счастливый

churz / lang

короткий / длинный

langsam / schnäll

медленный / быстрый

nass / trochä

мокрый / сухой

warm / chalt

тёплый / прохладный

dr Chrieg / dr Friede

война / мир

0

Null

ноль

1

eis

один

2

zwei

два

3

drü

три

4

vier

четыре

5

foif

пять

6

sächs

шесть

7

sibe

семь

8

acht

восемь

9

nün

девять

10

zäh

десять

11

elf

одиннадцать

12

zwölf

двенадцать

13

drizäh

тринадцать

14

vierzäh

четырнадцать

15

füfzäh

пятнадцать

16

sächzäh

шестнадцать

17

siebzäh

семнадцать

18

achtzäh

восемнадцать

19

nünzäh

девятнадцать

20

zwänzg

двадцать

100

Hundert

сто

1.000

Tuusig

тысяча

1.000.000

Million

миллион

Änglisch

английский

Amerikanischs Änglisch

американский английский

Chinesisch Mandarin

мандаринский китайский

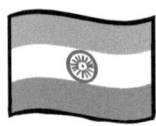

Hindi

хинди

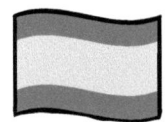

Spanisch

испанский

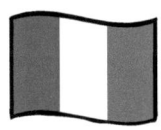

Französisch

французский

Arabisch

арабский

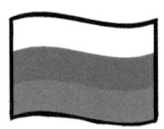

Russisch

русский

Portugiesisch

португальский

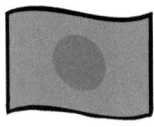

Bengalisch

бенгальский

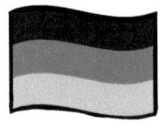

Dütsch

немецкий

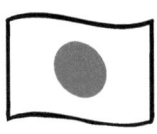

Japanisch

японский

ich

я

du

ты

är / sie / es

он / она / оно

mir

мы

ihr

вы

sie

они

wär?

кто?

was?

что?

wie?

как?

wo?

где?

wänn?

когда?

Name

имя

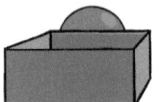

hinder

за

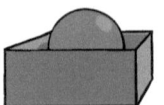

in

в

vor

перед

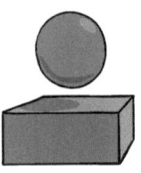

über

над

uf

на

under

под

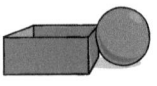

näbe

рядом

zwüsche

между

dr Ort

место